LOI DU LUXEMBOURG

SUR LES

BREVETS D'INVENTION

Par D.-A. CASALONGA

INGÉNIEUR-CONSEIL

PRIX : 2 francs

A L'OFFICE INTERNATIONAL DES

BREVETS D'INVENTION

15 — Rue des Halles — 15

PARIS

CHARLEVILLE

TYPOGRAPHIE ET LITHOGRAPHIE DE A. POUILLARD

—

1880

BREVETS D'INVENTION

EN FRANCE ET A L'ÉTRANGER

CONSULTATIONS

TECHNIQUES LÉGALES

SUR LA

Propriété industrielle

MARQUES DE FABRIQUE

MODÈLES ET DESSINS

RECHERCHES

ACTIONS ET DÉFENSES

en cas de procès en contrefaçon

LOI DU LUXEMBOURG

SUR LES

BREVETS D'INVENTION

Par D.-A. CASALONGA

INGÉNIEUR-CONSEIL

PRIX : 2 francs

A L'OFFICE INTERNATIONAL DES

BREVETS D'INVENTION

15 — Rue des Halles — 15

PARIS

CHARLEVILLE

TYPOGRAPHIE ET LITHOGRAPHIE DE A. POUILLARD

1880

LOI DU LUXEMBOURG

SUR

LES BREVETS D'INVENTION

La loi récente, promulguée dans le grand-duché de Luxembourg par l'ordonnance du roi des Pays-Bas, Guillaume III, se ressent du voisinage des trois puissances qui environnent le Grand-Duché.

Cette loi emprunte à la fois aux législations belge, française et allemande.

A la législation belge elle emprunte la modicité de sa taxe progressive, avec sursis de trois mois pour le payement d'une taxe en retard.

A la législation française elle emprunte la procédure dans les cas de contrefaçon, et notamment le principe du non examen préalable, auquel elle renonce cependant bientôt par une singulière contradiction.

Enfin, à la législation allemande elle a demandé l'établissement du même système de nouveauté, d'exception, de retrait par expropriation ou pour cause de non exploitation.

Par l'article 1ᵉʳ, 2º, sont exceptés du brevet les *aliments*, les objets de *consommation*, les produits *pharmaceutiques* et les substances obtenues par un **moyen** chimique, à moins qu'il ne s'agisse d'un *procédé* déterminé de fabrication.

Le *moyen* chimique, c'est le procédé proprement dit de fabrication ; en d'autres termes, le produit nouveau provenant de réactions chimiques est considéré à l'égal du *résultat industriel,* défini par la loi française et non brevetable, le *moyen* à l'aide duquel ce résultat est atteint l'étant seulement.

Nous ne pouvons que regretter une fois de plus ces exceptions qui sont, par les distinctions qu'il faut faire, un sujet continuel d'embarras pour les inventeurs comme pour les législateurs.

La loi luxembourgeoise n'admet pas, avons-nous dit, l'examen préalable ; mais elle ne maintient le brevet qu'autant qu'il est en même temps demandé, dans un délai de trois mois, en Allemagne, et conséquemment obtenu ensuite.

Or, on sait que l'examen préalable existe en Allemagne ; il est donc presque dérisoire de dire qu'il n'y a pas examen préalable en Luxembourg, et d'y faire ensuite dépendre l'obtention du brevet, d'un brevet à demander forcément en Allemagne et à l'y obtenir.

Le législateur luxembourgeois a simplement voulu faire profiter le Grand-Duché des avantages présumés de l'examen préalable, sans lui en faire supporter les frais.

Relativement à la *nouveauté* visée par l'article 2, on voit qu'elle est détruite par une publicité suffisante faite au moyen d'imprimés, ou par l'exploitation notoire effectuée dans l'un des Etats de l'union douanière allemande. Par ce côté encore, le Luxembourg s'assimile la législation allemande.

Les articles 3 à 9, empruntés à la loi allemande, sauf en ce qui concerne la taxe, n'offrent rien de particulier, pas plus que les formalités à remplir pour l'obtention du brevet, qui se rapprochent beaucoup des prescriptions françaises. Aucun format n'y est prescrit; il y a recours au Conseil d'Etat contre le refus, par le gouvernement, de délivrer un brevet.

Pour l'*extinction*, la *nullité*, la *déchéance* des brevets, les cas sont prévus, et nous avons déjà mentionné l'obligation de prendre un brevet dans les trois mois en Allemagne ou dans tout autre Etat avec lequel le Luxembourg aurait un traité d'union douanière.

La contrefaçon, les poursuites et les peines sont établies et dirigées plus conformément à l'esprit de la loi française de 1844. En cas de récidive, il y a amende et prison.

En résumé, et malgré sa regrettable subordination à l'Allemagne ou à tout autre Etat lié par un traité d'union douanière, la nouvelle loi luxembourgeoise sur les brevets d'invention est extrêmement libérale.

Une lecture attentive suffira pour le démontrer.

Novembre 1880.

D.-A. C.

CHAPITRE Ier

DISPOSITIONS GÉNÉRALES

Art. 1er. — Il sera délivré des brevets pour les inventions nouvelles susceptibles d'une exploitation industrielle.

Sont exceptées :

1º Les inventions dont l'exploitation serait contraire aux lois ou aux bonnes mœurs ;

2º Celles qui ont pour objet des aliments ou autres objets de consommation, des produits pharmaceutiques ou des substances obtenues par un moyen chimique, à moins qu'il ne s'agisse d'un procédé déterminé pour la fabrication de ces objets.

Art. 2. — Une invention n'est pas considérée comme nouvellle, lorsque, au moment de la déclaration faite, sur le fondement de la présente loi, elle se trouve déjà décrite assez nettement dans des imprimés rendus publics, ou qu'elle est assez notoirement exploitée, soit dans le Grand-Duché, soit dans un des Etats de l'Union douanière allemande, pour que l'exécution, par d'autres personnes expertes, paraisse possible.

Art. 3. — Le droit à l'obtention du brevet appartient à celui qui le premier a déclaré l'invention conformément à la présente loi, sauf ce qui est statué ci-après à l'art. 16, nº 2.

Art. 4. — L'effet du brevet sera que, sans l'autorisation du titulaire, nul ne pourra fabriquer industriellement, mettre dans le commerce ou exposer en vente l'objet de l'invention.

Si l'objet de l'invention consiste dans un procédé, une machine ou un engin industriel quelconque,

dans un outil ou tout autre instrument de travail,
l'effet du brevet sera en outre que, sans l'autorisation du breveté, nul ne pourra industriellement,
appliquer le procédé ou faire usage de l'objet de
l'invention.

Art. 5. — L'effet du brevet n'existe pas à l'égard
de celui qui, au moment où le titulaire du brevet a fait
sa déclaration, avait déjà mis en œuvre l'invention
dans le Grand-Duché, ou avait déjà pris à cette fin
les dispositions nécessaires.

L'effet du brevet ne s'étend pas aux engins de
locomotion qui n'entrent que passagèrement dans le
Grand-Duché.

Le brevet cessera de produire effet pour autant
qu'un arrêté royal grand-ducal, sur l'avis du Conseil
d'État, aura déclaré d'intérêt public la mise en œuvre
de l'invention. Dans ce cas, le breveté a droit, à
charge de l'Etat, à une indemnité qui, à défaut d'en-
tente, sera fixée judiciairement.

Art. 6. — Le droit à l'obtention du brevet, comme
les droits résultant du brevet lui-même, passent aux
héritiers de l'ayant-droit. Ces droits peuvent être
transférés, en tout ou en partie, par acte entre vifs
ou testamentaire.

La transmission du brevet est affranchie de tout
droit. L'acte de cession entre vifs sera enregistré au
droit fixe de 1 fr. 70 cent.

Art. 7. — La durée du brevet est de quinze ans ;
ce délai court du lendemain du jour où l'invention a
été déclarée conformément à l'art. 10 de la présente
loi.

Si l'invention consiste dans le perfectionnent d'une
autre invention pour laquelle le demandeur est déjà
breveté dans le Grand-Duché, celui-ci peut se faire
délivrer un certificat d'addition qui expire avec le
brevet principal.

Les certificats d'addition pris par un des ayants-droit profitent à tous les autres. Il sera libre au breveté de prendre un brevet principal pour les changements ou perfectionnements apportés à son invention.

Le tiers qui aura pris un brevet pour une invention ou application se rattachant à l'objet d'un brevet, n'aura aucun droit d'exploiter l'invention, déjà brevetée, et réciproquement le titulaire du brevet primitif ne pourra exploiter l'invention, objet du nouveau brevet, sauf leur commun accord.

Art. 8. — Il sera payé pour chaque brevet une taxe annuelle et progressive ainsi qu'il suit :

$$1^{re} \text{ année} \ldots \ldots \ldots \ldots \quad 10 \text{ fr.}$$
$$2^e \text{ année} \ldots \ldots \ldots \ldots \quad 20 \text{ »}$$
$$3^e \text{ année} \ldots \ldots \ldots \ldots \quad 30 \text{ »}$$

et ainsi de suite jusqu'à la quinzième année, pour laquelle la taxe sera de 150 francs.

La taxe sera payée par anticipation entre les mains du receveur de l'enregistrement; elle ne sera, dans aucun cas, remboursée.

Il ne sera exigé pour les certificats d'addition qu'une taxe unique de dix francs.

Art. 9. — Nul ne pourra obtenir un brevet, ni exercer les droits du brevet, s'il n'a élu domicile dans le Grand-Duché. S'il est étranger, il doit élire ce domicile chez un fondé de pouvoir qui le représente et auquel toutes communications seront valablement faites. Le domicile élu est attributif de juridiction et sera valable aussi longtemps qu'il n'aura pas été remplacé par une nouvelle élection de domicile, dans les formes prévues à l'art 13.

CHAPITRE II

DE LA DÉLIVRANCE DES BREVETS

Art. 10. — Quiconque voudra prendre un brevet, devra faire sa déclaration par écrit au fonctionnaire qui sera désigné à cet effet par le Gouvernement.

Une déclaration spéciale est exigée pour chaque invention.

La déclaration portera les noms, prénoms, qualités et domicile réel et élu du déclarant, et, le cas échéant, de son représentant.

Elle énoncera un titre renfermant la désignation sommaire et précise de l'objet de l'invention.

La déclaration sera accompagnée :

1° D'une description en langue française ou allemande de l'objet inventé ;

2° Des dessins, modèles ou échantillons qui seraient nécessaires pour l'intelligence de la description.

La description et les dessins seront en double exemplaire.

La description devra être écrite sans altération ni surcharge ; les mots rayés comme nuls seront comptés et constatés, les pages et les renvois paraphés. Elle fera connaître l'invention d'une façon claire et complète et se terminera par l'énonciation précise de ses caractères.

Les dessins devront être tracés à l'encre sur une échelle métrique.

Toutes les pièces devront être signées par le déclarant ou par son représentant, dont le pouvoir restera annexé à la déclaration.

Art. 11. — Aucun dépôt ne sera reçu que sur la production de la quittance du versement de la première annuité de la taxe.

Un procès-verbal dressé sans frais sur un registre à ce destiné, et signé par le déclarant, constatera le dépôt en énonçant le jour et l'heure de la remise des pièces.

Un duplicata du procès-verbal sera remis sans frais au déposant.

Art. 12. — Les brevets dont la demande aura été régulièrement formée, seront délivrés, sans examen préalable, aux risques et périls des demandeurs, et sans garantie, soit de la réalité, de la nouveauté ou du mérite de l'invention, soit de la fidélité et de l'exactitude de la description.

Un arrêté du membre du Gouvernement chargé des affaires de commerce et d'industrie, constatant la régularité de la demande, sera délivré sans frais au demandeur et constituera le brevet d'invention.

A cet arrêté sera joint le duplicata certifié de la description et des dessins mentionné à l'art. 10.

Le même arrêté sera inséré, par extrait, au *Mémorial*.

Le refus du Gouvernement de délivrer le brevet donne lieu à un recours au Conseil d'Etat, comité du contentieux, statuant avec juridiction directe.

Art. 13. — Les changements qui surviennent dans la personne du breveté ou de son représentant et du domicile élu, de même que toute cession partielle du brevet, doivent être portés dans une forme probante à la connaissance du membre du Gouvernement chargé des affaires de commerce et d'industrie, et seront publiés par le *Mémorial*. Aussi longtemps que ces formalités ne sont pas remplies, celui qui a été désigné précédemment comme le breveté, ou son représentant, reste investi des droits et soumis aux obligations de la présente loi, et toutes les notifications et significations seront valablement faites au domicile précédemment élu.

Art. 14. — Le public sera admis à prendre connaissance, dans les bureaux du Gouvernement, des descriptions des brevets délivrés, et des copies pourront en être obtenues moyennant le paiement des frais.

CHAPITRE III

EXTINCTION DES BREVETS ; NULLITÉS ET DÉCHÉANCES

Art. 15. — Le brevet s'éteint :

1° Par l'expiration du temps pour lequel il a été accordé ;

2° Par la renonciation du titulaire ;

3° Par le seul défaut de paiement de la taxe annuelle dans les trois mois de son échéance ;

4° Si un brevet pour le même objet n'est pas demandé dans le délai de trois mois dans les Etats auxquels le Grand-Duché serait lié par un traité d'union douanière, ou si, étant demandé dans ce délai, le brevet était refusé, ou si, ayant été accordé, il est retiré, annulé ou s'éteint de toute autre manière.

Néanmoins, au cas où la déchéance du brevet serait prononcé dans un pays de cette union pour cause de non-exploitation du brevet, il sera loisible au Gouvernement de maintenir le brevet dans le Grand-Duché.

Art. 16. — Le brevet sera nul et de nul effet, s'il est démontré :

1° Qu'aux termes des art. 1 et 2 l'invention n'était pas susceptible d'être brevetée ;

2° Que l'élément essentiel de la déclaration est emprunté aux descriptions, dessins, modèles, instruments, outillages ou procédés d'un tiers, sans son consentement ;

3° Si le titre sous lequel le brevet a été demandé, indique frauduleusement un objet autre que le véritable objet de l'invention ;

4° Si la description jointe au brevet n'est pas suffisante pour l'exécution de l'invention, ou si elle n'indique pas d'une manière loyale et complète les véritables moyens de l'inventeur.

Art. 17. — L'action en nullité pourra être exercée par toute personne y ayant intérêt.

Cette action, ainsi que toutes les constestations relatives à la propriété du brevet, sera portée devant le tribunal civil d'arrondissement.

Si la demande est dirigée en même temps contre le titulaire du brevet et contre un ou plusieurs cessionnaires partiels, elle sera portée devant le tribunal du domicile élu du titulaire du brevet.

Les affaires de brevet seront instruites et jugées dans la forme prescrite pour les matières sommaires par les art. 405 et suivants du Code de procédure civile. L'affaire sera communiquée au ministère public.

Le ministère public pourra intervenir dans l'action et prendre des réquisitions pour faire prononcer la nullité absolue du brevet.

Il pourra aux mêmes fins se pourvoir directement par action principale.

Dans les cas prévus aux deux paragraphes précédents, tous les ayants-droit au brevet dont les titres auront été enregistrés au Gouvernement conformément à l'art. 13, devront être mis en cause.

Les frais de l'intervention du ministère public et de la poursuite d'office seront taxés, liquidés et recouvrés comme en matière répressive.

Lorsque la nullité absolue d'un brevet aura été prononcée par jugement ou arrêt ayant force de chose jugée, il en sera donné connaissance au Gouvernement en vue de la publication prescrite par l'art. 19.

Art. 18. — Le brevet pourra être retiré après.trois ans, par arrêté r. g.-d., sauf le recours au Conseil d'Etat, comité du contentieux, si le breveté néglige d'exploiter son invention dans le Grand-Duché dans une proportion convenable, ou du moins de faire tout ce qui est nécessaire pour assurer cette exploitation.

De même après trois ans il pourra être déclaré par arrêté royal grand-ducal, sur l'avis du Conseil d'Etat, que l'intérêt public exige que le droit d'exploiter une invention brevetée soit également concédé à un ou plusieurs autres exploitants qui en ont fait la demande. Dans ce cas, l'indemnité et les garanties dues au breveté par les nouveaux prétendants à l'exploitatian seront, en cas de non accord, réglées par décision judiciaire.

Art. 19. — L'extinction des brevets, leur annulation ou retrait, seront portés à la connaissance du public par la voie du *Mémorial*.

CHAPITRE IV

DE LA CONTREFAÇON, DES POURSUITES ET DES PEINES

Art. 20. — Quiconque aura sciemment fait usage d'une invention contrairement aux dispositions des art. 4 et 5, sera puni d'une amende de 100 francs à 2,000 francs, sans préjudice aux dommages-intérêts de la partie civile, s'il y a lieu.

Dans les cas de récidive, il sera prononcé, outre l'amende, un emprisonnement d'un mois à six mois. Il y a récidive lorsqu'il a été rendu contre le prévenu, dans les cinq années antérieures, une première condamnation pour le même délit.

La poursuite ne sera intentée que sur la plainte de la partie lésée.

Le tribunal pourra ordonner la publication du jugement aux frais du condamné. Le jugement déterminera le mode et le délai de la publication.

Le jugement pourra ordonner, soit la destruction, soit la confiscation au profit de l'Etat, ou au profit de la partie lésée, par imputation sur les dommages-intérêts, des objets qui ont servi ou étaient destinés à commettre le délit et de ceux qui en ont été le produit.

Art. 21. — Le tribunal correctionnel, saisi de l'action, renverra les parties devant la justice civile compétente pour faire statuer sur les exceptions qui seront tirées par le prévenu, soit de l'extinction, de la nullité ou de la déchéance du brevet, soit des questions relatives à la propriété du brevet.

Art. 22. — Sera puni d'une amende de vingt-six francs à deux cents francs quiconque, sans avoir un brevet valable, aura apposé sur des objets ou sur leur enveloppe une indication propre à faire naître l'erreur que ces objets sont brevetés conformément à la présente loi, ou qui aura employé une semblable indication dans des annonces, affiches, avis, prospectus ou enseignes.

Art. 23. — Les peines établies par la présente loi ne pourront être cumulées. La peine la plus forte sera seule prononcée pour tous les faits antérieurs au premier acte de poursuite.

Art. 24. — Les dispositions en vigueur sur les circonstances atténuantes pourront être appliquées aux délits prévus par les dispositions qui précèdent.

Art. 25. — Les actions civiles du chef de la violation du brevet se prescrivent par trois ans pour chacun des faits qui peuvent y donner lieu.

CHAPITRE V.

DISPOSITIONS TRANSITOIRES.

Art. 26. — La loi du 25 janvier 1817 et toutes les dispositions antérieures à la présente loi, relatives aux brevets d'invention, d'importation et de perfectionnement, sont abrogées.

Toutefois, les brevets actuellement en exercice continueront d'être régis par les dispositions en vigueur au moment de leur délivrance, à moins que leurs titulaires ne se soient conformés aux dispositions qui vont suivre.

Art. 27. — Les titulaires des brevets actuellement en exercice seront admis à les convertir en brevets régis par la présente loi, en faisant, dans les trois mois de la publication de la présente loi, leur déclaration de ce chef, conformément à ce qui est prescrit par l'article 10, sauf qu'il leur suffira d'y joindre le brevet primitif et ses annexes.

Le délai de quinze ans, fixé par l'article 7, courra de la date du brevet primitif.

Les annuités de la taxe seront comptées à partir de la même date, sur laquelle se règleront aussi les échéances annuelles.

La taxe acquittée pour le brevet primitif sera imputée sur les annuités échues ou à échoir ; si elle ne suffit pas à couvrir les annuités déjà échues, la différence devra être versée avant le dépôt de la déclaration.

Art. 28. — Les demandes de brevets déposées antérieurement à la présente loi et sur lesquelles il n'a pas encore été statué par Nous, devront être converties par leurs auteurs, dans les trois mois de la publication de la présente loi, en déclarations, suivant les dispositions du chapitre II ci-avant, sous peine de déchéance de la demande primitive.

Les brevets dont la délivrance s'ensuivra seront régis par la présente loi ; toutefois le temps écoulé depuis la demande primitive sera défalqué du délai de quinze ans fixé par l'article 7.

Art. 29. — A ceux auxquels des brevets auront été délivrés par application des articles 27 et 28 qui précèdent, la publication de descriptions et l'exploitation notoire dont il est question à l'article 2, ne pourront être opposées que si elles sont antérieures à la date du brevet primitif et respectivement à la date du dépôt de la demande non suivie de décision.

Art. 30. — Un arrêté royal grand-ducal portant règlement d'administration publique arrêtera les dispositions que l'exécution de la présente loi pourra rendre nécessaires.

(1) Jusqu'ici l'application de la loi luxembourgeoise n'a pas rendu nécessaire la publication d'un règlement d'administration.

CHARLEVILLE. — A. POUILLARD

MÉMOIRE

SUR

L'EXPOSITION UNIVERSELLE DE 1878

PAR

D.-A. CASALONGA, Ingénieur

PREMIER PRIX

DE LA Société DES Anciens Élèves DES Écoles Nationales DES

ARTS & MÉTIERS

(Concours Mignon)

INTRODUCTION SUR L'EXPOSITION

Description de quelques Appareils divers, de la Métallurgie et de la Mécanique

GÉNÉRATEURS & MOTEURS

Petits Moteurs : à air chaud, à gaz, à vapeur, rotatifs, à pétrole

CHAUDIÈRES DIVERSES

MACHINES A VAPEUR

DES SYSTÈMES

WOOLF — COMPOUND — CORLISS

ENSEIGNEMENT PROFESSIONNEL TECHNIQUE

Prix : 16 francs

CHEZ L'AUTEUR

Office des Brevets d'invention, Patentes, etc.

15 — Rue des Halles — 15

PARIS

OUVRAGES DU MÊME AUTEUR

A SON OFFICE INDUSTRIEL DES

BREVETS D'INVENTION

15, rue des Halles, 15, *entrée rue des Déchargeurs*, 11

PARIS

	PRIX
Le Chaudronnier (Encyclopédie Roret) revu et corrigé...............	5 »»
Le Terrassier (Encyclopédie Roret) considérablement augmenté, avec planches...	5 »»
Les Machines à vapeur. — La Métallurgie et ses Machines-Outils en 1867 ; 1er prix de la Société des Anciens Élèves des Écoles d'Arts et Métiers (*Édition épuisée*).	
Études sur les Engrenages à dents héliçoïdes en forme de chevrons..	3 »»
Compteur à eau (Mémoire descriptif du) sans pression, système D.-A. Casalonga....................................	2 »»
Presse continue (Mémoire sur la) réalisant le travail même de la presse hydraulique, par D.-A. Casalonga................	2 »»
Série ou Éléments proportionnels de Construction, grand in-4°, avec texte et 64 planches, pour les Constructeurs-Mécaniciens, Chefs de Travaux, Dessinateurs.....................................	25 »»
Mémoire sur l'unification internationale des Séries de Pas de Vis et de divers autres Organes de Construction (Communication au Congrès international du Génie civil)................	2 »»
Rapport sur l'enseignement du dessin élémentaire................	»» »»
Guide des Inventeurs en France..............................	2 »»
Id. id. en Belgique	2 »»
Id. id. en Espagne (Loi nouvelle).................	2 »»
Id. id. en Allemagne (Loi nouvelle)...............	2 50
Id. id. en Luxembourg (Loi nouvelle).............	2 »»
Études sur les autres Législations étrangères, concernant la propriété industrielle (Sous presse).	
Chronique industrielle, hebdomadaire, illustrée : France et Belgique..	25 »»
Union.............	30 »»